Die Nacht

Die Nacht

Gedichte

Herausgegeben von
Evelyne Polt-Heinzl und
Christine Schmidjell

Philipp Reclam jun. Stuttgart

RECLAMS UNIVERSAL-BIBLIOTHEK Nr. 18300

Umschlaggestaltung: Anja Wesner, München
unter Verwendung des Gemäldes
Caféterrasse bei Nacht von Vincent van Gogh (1888)
Gesamtherstellung: Reclam, Ditzingen. Printed in Germany 2004
RECLAM, UNIVERSAL-BIBLIOTHEK und
RECLAMS UNIVERSAL-BIBLIOTHEK sind eingetragene Marken
der Philipp Reclam jun. GmbH & Co., Stuttgart
ISBN 3-15-018300-6

www.reclam.de

Inhalt

Das Gewisper der Nacht

Schlafenszeit

Komm zu mir in der Nacht

Einsam in der Nacht

Nächtiges Treiben

Großstadtnächte

Wenn der Morgen wiederkommt

Vorwort

Es beginnt mit der Dämmerung. Sie markiert den Übergang vom Tag zur Nacht und hat wie alle Schwellensituationen etwas von Aufbruch, aber auch von Wehmut oder gar bedrohlicher Ungewissheit. »Die Nacht streckt ihre Finger aus / Sie findet mich in meinem Haus« (Sarah Kirsch). Der Tagesausklang lädt ein zu Besinnung und Rückschau, zur Vorbereitung auf die Nacht und den Schlaf. Das Ende des Tages gemahnt an das Ende unserer Tage, denn dunkel wird's nun wie im Grab.

Die Tröstung aber kommt mit der Dämmerung: »Auf des Tages Abendschleppe / Streut der Mond sein Lichtgeschmeid« (Theodor Däubler), als sanften Schutz und Schirm unserer Geschicke. Das geborgte Licht des Mondes scheint uns mild, es ist menschenfreundlich und blendet nicht. Immer schon wurde der Mond besungen, er ist der »Gedankenfreund« (Friedrich Gottlieb Klopstock) der Einsamen, an den sie sich wie an einen Fürsprecher wenden. Sein bloßer Anblick vermag Verhärtungen und Verkrustungen in den Herzen zu lockern: »Lösest endlich auch einmal / meine Seele ganz« (Johann Wolfgang Goethe).

Der Aufgang von Mond und Sternen markiert im poetischen Tageslauf den Beginn der Nacht als dem Reich des Dunklen und Geheimnisvollen. »Die Finsternis raschelt wie ein Gewand« (Georg Heym), und wer zu Ängstlichkeit neigt, wird den leisen Gesängen der Nacht nicht immer entspannt lauschen. Glücklich, wer die Nacht unbeschwert als Phase der Rekreation und Ruhe begrüßen kann. Wenn die »Schlummerflocken« (Isolde Kurz) freundlich leise fallen und das Hinübergleiten in einen friedlichen Dämmerzustand und ins Reich der Träume gelingt, werden alle Sorgen klein. »Erlöst von Geistern, die ins Dämmer flüchten, / Ist nun der Leib mit dunklem Licht umhäuft« (Carl Zuckmayer).

Hält Morpheus, der Gott des Schlafs, seine Arme verschlossen, gilt es gegen die allgegenwärtig lauernden Ängste der Nacht anzukämpfen. Ein plauderndes oder gar ein liebendes Gegenüber hilft in jedem Fall, die Abgründe zu verdecken. Deshalb ist die Nacht auch die Zeit der Liebe und der geselligen Vergnügungen. »Nachts, wenn das Pendel der Liebe schwingt« (Paul Celan), wird für Liebende die Einsamkeit des Menschen überbrückbar.

Für Einsame hingegen beginnt die »Stunde des Grams« (Georg Trakl), der schwer in den rettenden Schlaf zu entkommen ist: »Abends zähl ich Lamm um Lamm, / lehnend an dem Feigenstamm« (Christine Lavant). Für die Einsamen erwachen des Nachts Geister und Gespenster, Alpträume und Ängste, Sorgen und Sehnsüchte, die den Schlaf fliehen lassen. Wer schlaflos liegt oder in unruhigen Träumen sich wälzt, dem verschwimmen Urängste und Traumbilder. »Beim Hufschlag der Nacht, des schwarzen Hengstes vorm Tor, / zittert mein Herz noch wie einst und reicht mir den Sattel im Flug« (Ingeborg Bachmann). Um Mitternacht narren uns die wilden Jagden der Gespenster, Feuergestalten, Elfen und nächtige Fremdlinge melden ihren Besuch an.

Ihnen ist oft am besten zu entkommen, wenn man

seine Einsamkeit mit anderen teilt, vor allem natürlich in der Stadt, denn »wenn fantômas mit schrägen schatten / diesseits der seine aufersteht / zur zeit, da sich die uhus gatten, / dann wird das gaslicht angedreht« (H. C. Artmann). Auch wenn der Trost der Geselligkeit und des Alkohols im Nachhinein oder von außen betrachtet fragwürdig sein mag. Aber der Weg vom »Trottoircafé« nach Hause ist weit und das Lachen der wartenden Gespenster auch für die lustig Lärmenden hörbar, »also bleibt man traurig hocken, / und hält Palmen quasi für Natur. / Fliegen setzen sich auf süße Brocken / Und der Mond ist nur die Rathausuhr« (Erich Kästner).

Allmählich und mit zuverlässiger Gewissheit zeichnet sich Nacht für Nacht ihr Ende ab. Schon »ein Stündlein wohl vor Tag« (Eduard Mörike) erwacht das Leben und damit die Hoffnung. Die Sonne kommt wieder und mit ihr das Licht und es wird auch in uns lichter, wenn sich die Welt wieder sichtbar belebt. Was dem Morgen folgen wird, ist der lichte Tag, ausgefüllt mit prosaischen Alltagssorgen und Notwendigkeiten, eine tätige oder auch brüchige Brücke zur nächsten Abenddämmerung.

Es wird Nacht

STEFAN GEORGE

Der hügel wo wir wandeln liegt im schatten ·
Indes der drüben noch im lichte webt
Der mond auf seinen zarten grünen matten
Nur erst als kleine weisse wolke schwebt.

Die strassen weithin-deutend werden blasser ·
Den wandrern bietet ein gelispel halt ·
Ist es vom berg ein unsichtbares wasser
Ist es ein vogel der sein schlaflied lallt?

Der dunkelfalter zwei die sich verfrühten
Verfolgen sich von halm zu halm im scherz ..
Der rain bereitet aus gesträuch und blüten
Den duft des abends für gedämpften schmerz.

HERTHA KRÄFTNER

Im Amselruf vergeht der Tag.
Die neue Nacht fällt in die Stunde.
Spürst du dein Herz in fremdem Schlag?
Erschrickst du vor dem Ruf der Hunde?

Der Mond ist dir kein Trost.
In Zimmerwinkeln lauern Träume.
Der Spiegel zeigt Gestalten, die du flohst.
Vor deinem Fenster drohn dir Bäume.

Verzehr dich nicht nach einem andern Haus.
Die Nacht ist allen gleich. Die Treppen
befremden dich und Gänge schleppen
Vergangenes. Unruh läßt dich nicht aus.

SARAH KIRSCH

Die Nacht streckt ihre Finger aus

Die Nacht streckt ihre Finger aus
Sie findet mich in meinem Haus
Sie setzt sich unter meinen Tisch
Sie kriecht wird groß sie windet sich

Und der Rauch schwimmt durch den Raum
Wächst zu einem schönen Baum
Den ich leicht zerstören kann –
Ich rauche einen neuen, dann

Zähl ich alle meine lieben
Freunde an den Fingern ab
Es sind zu viele Finger, die ich hab
Zu wenig Freunde sind geblieben

Streckt die Nacht die Finger aus
Findet sie mich in meinem Haus
Rauch schwimmt durch den leeren Raum
Wächst zu einem Baum

Der war vollbelaubt mit Worten
Worten, die alsbald verdorrten
Schiffchen schwimmen durch die Zweige
Die ich heut nicht mehr besteige

GEORG BÜCHNER

Die Nacht

Niedersinkt des Tages goldner Wagen,
Und die stille Nacht schwebt leis herauf,
Stillt mit sanfter Hand des Herzens Klagen,
Bringt uns Ruh im schweren Lebenslauf.

Ruhe gießt sie in das Herz des Müden,
Der ermattet auf der Pilgerbahn,
Bringt ihm wieder seinen stillen Frieden,
Den des Schicksals rauhe Hand ihm nahm.

Ruhig schlummernd liegen alle Wesen,
Feiernd schließet sich das Heiligtum,
Tiefe Stille herrscht im weiten Reiche,
Alles schweigt im öden Kreis herum.

Und der Mond schwebt hoch am klaren Äther,
Geußt sein sanftes Silberlicht herab;
Und die Sternlein funkeln in der Ferne
Schau'nd herab auf Leben und auf Grab.

Willkommen Mond, willkommen sanfter Bote
Der Ruhe in dem rauhen Erdental,
Verkündiger von Gottes Lieb und Gnade,
Des Schirmers in Gefahr und Mühesal.

Willkommen Sterne, seid gegrüßt ihr Zeugen
Der Allmacht Gottes der die Welten lenkt,
Der unter allen Myriaden Wesen
Auch meiner voll von Lieb' und Gnade denkt.

Ja, heil'ger Gott, du bist der Herr der Welten,
Du hast den Sonnenball emporgetürmt,
Hast den Planeten ihre Bahn bezeichnet,
Du bist es, der das All mit Allmacht schirmt.

Unendlicher, den keine Räume fassen,
Erhabener, den Keines Geist begreift,
Allgütiger, den alle Welten preisen,
Erbarmender, der Sündern Gnade beut!

Erlöse gnädig uns von allem Übel,
Vergib uns liebend jede Missetat,
Laß wandeln uns auf deines Sohnes Wege,
Und siegen über Tod und über Grab.

Mond und Sterne blinken

Auf des Tages Abendschleppe
Streut der Mond sein Lichtgeschmeid.
Über ferner Alpentreppe
Funkelt noch das Purpurkleid.

Und ein Ruhestundenschleier
Glitzert lichtgeflockt am Meer,
Schwangespenster, Silberreiher
Wimmeln, schwimmen hin und her.

Wie in einem Irisbecken
Ruht der goldne Honigmond,
Zarte Wolkenhände strecken
Ihn empor, wo Sirius thront.

Viele ersterglimmte Lichter
Nicken wieder schläfrig ein,
Denn des Mondes Flor wird dichter:
Alles, alles funkelt rein.

Nacht

Süße Ahndungsschauer gleiten
Über Fluss und Flur dahin,
Mondesstrahlen hold bereiten
Lager liebetrunknem Sinn.
Ach, wie ziehn, wie flüstern die Wogen,
Spiegelt in Wellen der Himmelsbogen.

Liebe, dort im Firmamente,
Unter uns in blanker Flut,
Zündet Sternglanz, keiner brennte,
Gäbe Liebe nicht den Mut:
Uns, von Himmelsothem gefächelt,
Himmel und Wasser und Erde lächelt.

Mondschein liegt auf allen Blumen,
Alle Palmen schlummern schon,
In der Waldung Heiligtumen
Wallet, klingt der Liebe Ton:
Schlafend verkündigen alle Töne,
Palmen und Blumen der Liebe Schöne.

FRIEDRICH GOTTLIEB KLOPSTOCK

Die frühen Gräber

(1764)

Willkommen, o silberner Mond,
Schöner, stiller Gefährt der Nacht!
Du entfliehst? Eile nicht, bleib, Gedankenfreund!
Sehet, er bleibt, das Gewölk wallte nur hin.

Des Maies Erwachen ist nur
Schöner noch, wie die Sommernacht,
Wenn ihm Tau, hell wie Licht, aus der Locke träuft,
Und zu dem Hügel herauf rötlich er kömmt.

Ihr Edleren, ach es bewächst
Eure Male schon ernstes Moos!
O wie war glücklich ich, als ich noch mit euch
Sahe sich röten den Tag, schimmern die Nacht.

ANTON WILDGANS

Es ist der Mond

Es ist der Mond, der aus den Fichten steigt
Ins Glockenblumenblau der späten Lüfte,
Nachtschwalbe geistert, kleine Grille geigt,
Die Grummetmahd haucht kühle Grasesdüfte.

Es ist der Mond, so rosig wie des Weins
Ein Rankenblatt, von Herbstes Gold durchschienen,
Wenn müd und trunken des Lebendigseins
Noch Falter taumeln und die letzten Bienen.

Es ist der Mond, der in die Saiten greift
Der schmächtigen, der zartgestimmten Birken,
Daß mich ihr Flüstern wie ein Odem streift
Und rätseldunkle Schauer mich umwirken.

Es ist der Mond, der mich so weh erfüllt,
Als müßte mir, dem knabenhaft Verlegnen,
In Dämmerung gehüllt und doch enthüllt,
Das Weib der ersten Träume heut begegnen.

Und ungewiß treibt es mich hügelwärts,
Die Schläfe pocht, ins Auge drängen Tränen –
Es ist ja nur der Mond, du altes Herz,
Was soll noch immer dieses töricht Sehnen?

JOHANN WOLFGANG GOETHE

An den Mond

Füllest wieder Busch und Tal
Still mit Nebelglanz,
Lösest endlich auch einmal
Meine Seele ganz;

Breitest über mein Gefild
Lindernd deinen Blick,
Wie des Freundes Auge mild
Über mein Geschick.

Jeden Nachklang fühlt mein Herz
Froh- und trüber Zeit,
Wandle zwischen Freud und Schmerz
In der Einsamkeit.

Fließe, fließe, lieber Fluß!
Nimmer werd ich froh,
So verrauschte Scherz und Kuß,
Und die Treue so.

Ich besaß es doch einmal,
Was so köstlich ist!
Daß man doch zu seiner Qual
Nimmer es vergißt!

Rausche, Fluß, das Tal entlang,
Ohne Rast und Ruh,
Rausche, flüstre meinem Sang
Melodien zu,

Wenn du in der Winternacht
Wütend überschwillst,
Oder um die Frühlingspracht
Junger Knospen quillst.

Selig, wer sich vor der Welt
Ohne Haß verschließt,
Einen Freund am Busen hält
Und mit dem genießt,

Was, von Menschen nicht gewußt
Oder nicht bedacht,
Durch das Labyrinth der Brust
Wandelt in der Nacht.

JOSEPH VON EICHENDORFF

Mondnacht

Es war, als hätt der Himmel
Die Erde still geküßt,
Daß sie im Blütenschimmer
Von ihm nun träumen müßt.

Die Luft ging durch die Felder,
Die Ähren wogten sacht,
Es rauschten leis die Wälder,
So sternklar war die Nacht.

Und meine Seele spannte
Weit ihre Flügel aus,
Flog durch die stillen Lande,
Als flöge sie nach Haus.

Schöne Mondfrau

Schöne Mondfrau, gehst du schlafen
Lächelnd und so munter
Leise mit den Silberschafen
In die Nacht hinunter?

O, und du im Maskenkleide,
Liebe Scheherazade,
Spielst du, daß die Nacht nicht leide
Deine Serenade?

Wandermüde, wundertrunken
Komm in meine Ruhe
Blaue, weiche Sternenfunken
Küssen deine Schuhe.

Sieh, die Nacht ist so lebendig
Voller Duft und Gnade
In den Bäumen eigenhändig
Spielt sie sich die Serenade.

Das Gewisper der Nacht

ROSE AUSLÄNDER

An die Nacht

Ich bin in deinen Atem eingegangen,
o mondne Nacht und trage keine Verlangen
nach andern Rhythmen wie der Tag sie bringt.
Ich traue der Musik, die aus dir dringt
und werde, was du bist: erlöster Ton.
Nichts ist geblieben, alles ist geflohn --
Nur du und ich, so inniglich vermählt
zu einem Klang, von Orpheus beseelt.
Nur du und ich. Ich trage kein Verlangen
mehr, bin in deinen Atem eingegangen.

GERTRUD KOLMAR

Die Kröte

Ein blaues Dämmer sinkt mit triefender Feuchte;
Es schleppt einen breiten rosiggoldenen Saum.
Schwarz steilt eine Pappel auf in das weiche
Geleuchte,
Und milde Birken verzittern zu fahlerem Schaum.
Wie Totenhaupt kollert so dumpf ein Apfel zur
Furche,

Und knisternd verflackert mählich das herbstbraune Blatt.
Mit Lichtchen gespenstert ferne die düsternde Stadt.
Weißer Wiesennebel braut Lurche.

Ich bin die Kröte.
Und ich liebe die Gestirne der Nacht.
Abends hohe Röte
Schwelt in purpurne Teiche, kaum entfacht.
Unter der Regentonne
Morschen Brettern hock ich duckig und dick;
Auf das Verenden der Sonne
Lauert mein schmerzlicher Mondenblick.

Ich bin die Kröte.
Und ich liebe das Gewisper der Nacht.
Eine feine Flöte
Ist im schwebenden Schilf, in den Seggen erwacht,
Eine zarte Geige
Flirrt und fiedelt am Felderrain.
Ich horch und schweige,
Zerr mich an fingrigem Bein.

Unter fauler Planke
Aus Morastigem Glied um Glied,
Wie versunkner Gedanke
Aus dem Wust, aus dem Schlamm sich zieht.
Durch Gekräut, um Kiesel
Hüpf ich als dunkler, bescheidener Sinn;
Tauiges Laubgeriesel,
Schwarzgrüner Efeu spült mich dahin.

Ich atme, schwimme
In einer tiefen, beruhigten Pracht,
Demütige Stimme
Unter dem Vogelgefieder der Nacht.
Komm denn und töte!
Mag ich nur ekles Geziefer dir sein:
Ich bin die Kröte
Und trage den Edelstein ...

HERMANN HESSE

Nachtgang

(1906)

Wohin? Wohin?
Lau schläft am See die weiche Nacht
Und hat im weiten Lande
Wald, Strom und Menschen müd gemacht.

Ein Tönen ist erklungen
Aus dumpfen Erdentiefen her
Und hat sich zart erschwungen
Ins Reich der Luft und tönet
Wie Harfen zart und Glocken schwer.

Wohin? Wohin?
Mich hat ein Ton gerufen
Aus dumpfen Erdentiefen her,

Führt über dunkle Stufen
Empor und sehnlich weiter,
Nun schwingt er aus und tönt nicht mehr.

Ein Nachtvogel rauschet
Vorüber und schlägt mit den Flügeln.
Schon schmilzt es über den Hügeln
Ins dunkle Schweigen, und rauschet
Und fragt und lockt nicht mehr.

GOTTFRIED KELLER

Stille der Nacht

V

Willkommen, klare Sommernacht,
Die auf tautrunknen Fluren liegt!
Gegrüßt mir, goldne Sternenpracht,
Die spielend sich im Weltraum wiegt!

Das Urgebirge um mich her
Ist schweigend, wie mein Nachtgebet!
Weit hinter ihm hör ich das Meer
Im Geist, und wie die Brandung geht!

Ich höre einen Flötenton,
Den mir der Wind von Westen bringt,
Indes herauf im Osten schon
Die Ahnung leis vom Tage dringt.

Ich sinne, wo in weiter Welt
Jetzt sterben mag ein Menschenkind?
Und ob vielleicht den Einzug hält
Ganz still ein lächelnd Heldenkind?

Doch wie nun auf dem Erdental
Ein unergründlich Schweigen ruht:
Ich fühle mich so leicht zumal
Und wie die Welt so still und gut.

Der letzte leise Schmerz und Spott
Verschwindet aus des Herzens Grund;
Mir ist, als tät der alte Gott
Mir endlich seinen Namen kund.

GEORG TRAKL

Nachtseele

2. Fassung

Schweigsam stieg von schwarzen Wäldern ein blaues
Wild
Die Seele nieder.
Da es Nacht war; über moosige Stufen ein schneeiger
Quell.

Blut und Waffengetümmel vergangener Zeiten
Rauscht im Föhrengrund,
Der Mond scheint immer in verfallene Zimmer;

Trunken von dunklen Giften, silberne Larve
Über schlummernde Hirten geneigt,
Haupt, das schweigend seine Sagen verlassen.

O, dann öffnet jenes langsam die kalten Hände
Unter steinernen Bogen
Leise steigt ein goldener Sommer ans erblindete
Fenster

Und es läuten im Grün die Schritte der Tänzerin
Die Nacht lang,
Öfter ruft in purpurner Schwermut das Käuzchen den
Trunkenen.

GEORG HEYM

Halber Schlaf

Die Finsternis raschelt wie ein Gewand,
Die Bäume torkeln am Himmelsrand.

Rette dich in das Herz der Nacht,
Grabe dich schnell in das Dunkele ein,
Wie in Waben. Mache dich klein,
Steige aus deinem Bette.

Etwas will über die Brücken,
Es scharret mit Hufen krumm,
Die Sterne erschraken so weiß.

Und der Mond wie ein Greis
Watschelt oben herum
Mit dem höckrigen Rücken.

Schlafenszeit

Schlummerflocken

Niedersank der Tag. Aus dunklen Toren
Sternenäugig wird die Nacht geboren.

Ohne Steuer jetzt vom Land gestoßen
Schwebt die Seele überm Bodenlosen.

Selig wie erlöste Geister schwanken
In dem Kahn der Nacht die Traumgedanken

Und ein Albatros im Schiff zu Gaste
Breitet weiße Schwingen überm Maste.

Seh ich Wolkenzüge windgetragen?
Sind's Gebirge die aus Traumland ragen?

Ferne durch zerrißne Nebel blinken
Seines Wunderports Korallenzinken.

Alle Segel ein, die Winde stocken.
Leise, leise fallen Schlummerflocken.

Ich lösch das Licht …

Ich lösch das Licht
Mit purpurner Hand,
Streif ab die Welt
Wie ein buntes Gewand

Und tauch ins Dunkel
Nackt und allein,
Das tiefe Reich
Wird mein, ich sein.

Groß' Wunder huschen
Durch Dickicht hin,
Quelladern springen
Im tiefsten Sinn,

O spräng noch manche,
Ich käm in' Kern,
Ins Herz der Welt
Allem nah, allem fern.

Gesang vom guten Schlaf

Im offnen Fenster schäumt die feuchte Nacht,
Und schaufelt Sterne, schaufelt Wolkenfracht.

Der gute stumme Schlaf zu Häupten quillt.
Dein Atem ebbt und flutet, herzgestillt.

Erlöst von Geistern, die ins Dämmer flüchten,
Ist nun der Leib mit dunklem Licht umhäuft,

Wie wenn aus windgebrochnen Baumesfrüchten
Die milde braune Milch der Fäulnis träuft.

O schenk uns kühlen Mond und blaue Morgenstund,
Laß Nebel dampfend aus den Wiesen wallen

Und all das blinde Strömen von der Bäche Grund
Wie Balsam, totensüß, auf unsre Augen fallen!

PETER HÄRTLING

Zwei Traumfiguren

der setzt die maske auf der setzt sie ab
der spricht wenn andre schweigen
der wohnt in alten geigen
der gräbt sich selbst sein grab.

der flüstert sich zwei augen hin
der einen berg den keiner zwingt
der streicht sich silber an das kinn
das (wenn ers schlägt) wie zymbeln klingt.

es könnte sein wenn du nach ihnen fragst –
sie sind nicht da sie werden es nicht sein:
der eine wechselte das sein mit schein
der andre starb an dingen die du sagst.

CONRAD FERDINAND MEYER

Traumbild

Ich seh' durch edle Trümmer,
Gebrochne Bogen reich,
Des Wassers grüne Schimmer
Überhangen vom Gesträuch.

Eine schlanke Barke gleitet,
Darin Gesang ertönt,
Das schallt so zart beseitet
Und ist so mild versöhnt.

Von Frauen und von Knaben
Ein himmlisches Geleit,
Die längst vergessen haben
Des Lebens Bitterkeit,

Und eine von den Frauen
Mit der Stimme süssen Schalls
Erkenn ich an den Brauen
Und an dem Schwanenhals.

Die Geister fahren singend,
Das Liebchen, es singt mit,
Da singt es so durchdringend,
Daß mir's das Herz zerschnitt;

Es fasst das alte Sehnen
Mich wieder mit Gewalt,
Da stürzen schwere Thränen
Und trüben die Gestalt.

Nur eine Rose als Stütze

Ich richte mir ein Zimmer ein in der Luft
unter den Akrobaten und Vögeln:
mein Bett auf dem Trapez des Gefühls
wie ein Nest im Wind
auf der äußersten Spitze des Zweigs.

Ich kaufe mir eine Decke aus der zartesten Wolle
der sanftgescheitelten Schafe die
im Mondlicht
wie schimmernde Wolken
über die feste Erde ziehn.

Ich schließe die Augen und hülle mich ein
in das Vlies der verläßlichen Tiere.
Ich will den Sand unter den kleinen Hufen spüren
und das Klicken des Riegels hören,
der die Stalltür am Abend schließt.

Aber ich liege in Vogelfedern, hoch ins Leere gewiegt.
Mir schwindelt. Ich schlafe nicht ein.
Meine Hand
greift nach einem Halt und findet
nur eine Rose als Stütze.

nachtstück, mit blumen

im zimmer, drin ich schlafe
will keine blumen ich.
dem schläfrigen zur strafe
bewegt die fliege sich
wenn sie der blumen duft
zu sich ins zimmer ruft.
die blumen sind lebendig
lebendig bin ich auch;
die fliege ist es auch noch
und tot ist nur der rauch
den ich durch mund und nase
aus meiner lunge blase
die fliege zu vertreiben.
die will bei blumen bleiben
und wird dann mich entdecken.
die fliegenklappe hebend
steh ich im nachthemd bebend –
nie hat die fliege lebend
und dauerte es stunden
den weg zurück gefunden
wo fliegen der geschmack
liebender fliegen packt.

Schlaf

Während ich schlafe,
Altert das Spielzeug,
Das ein Kind in Händen hält,
Wechselt die Liebe ihre Farbe
Zwischen zwei Atemzügen.
Das Messer im Türpfosten
Wartet vergeblich darauf,
Von einem Vorübergehenden
Mir in die Brust gestoßen zu werden.
Auch die Mörder träumen jetzt
Unter ihren Hüten.
Eine stille Zeit. Schlafenszeit.
Man hört den Puls derer,
Die unsichtbar bleiben wollen.
Die Weisheit der unausgesprochenen Worte
Nimmt zu.
Behutsamer blühen nun
Die Pflanzen.
Es sind keine Augen da,
Die sie bestaunen können.

Komm zu mir in der Nacht

ADELBERT VON CHAMISSO

Frauen-Liebe und Leben

III

Ich kanns nicht fassen, nicht glauben,
  Es hat ein Traum mich berückt;
Wie hätt er doch unter allen
  Mich Arme erhöht und beglückt?

Mir war's, er habe gesprochen:
  Ich bin auf ewig dein –
Mir wars – ich träume noch immer,
  Es kann ja nimmer so sein.

O laß im Traume mich sterben
  Gewieget an seiner Brust,
Den seligsten Tod mich schlürfen
  In Tränen unendlicher Lust.

PAUL CELAN

Nachts, wenn das Pendel der Liebe schwingt
zwischen Immer und Nie,
stößt dein Wort zu den Monden des Herzens
und dein gewitterhaft blaues
Aug reicht der Erde den Himmel.

Aus fernem, aus traumgeschwärztem
Hain weht uns an das Verhauchte,
und das Versäumte geht um, groß wie die Schemen
der Zukunft.

Was sich nun senkt und hebt,
gilt dem zuinnerst Vergrabnen:
blind wie der Blick, den wir tauschen,
küßt es die Zeit auf den Mund.

CLEMENS BRENTANO

Liebesnacht im Haine

Um uns her der Waldnacht heilig Rauschen
Und der Büsche abendlich Gebet,
Seh ich dich so lieblich bange lauschen
Wenn der West durch dürre Blätter weht.

Und ich bitte: Jinni holde, milde
Sieh ich dürste, sehne mich nach dir
Sinnend blickst du durch der Nacht Gefilde
Wende deinen süßen Blick nach mir.

Ach dann wendet Jinni voll Vertrauen
Ihres Lebens liebesüßen Blick
Mir ins wonnetrunkne Aug zu schauen
Aus des Tages stillem Grab zurück.

Und es ist so traulich dann, so stille
Wenn ihr zarter Arm mich fest umschlingt
Und ein einz'ger liebevoller Wille
Unsrer Seelen Zwillingspaar durchdringt.

Nur von unsrer Herzen lautem Pochen
Von der heil'gen Küsse leisem Tausch
Von der Seufzer Lispel unterbrochen
Ist der Geisterfeier Wechselrausch.

Auf des Äthers liebestillen Wogen
Kömmt Diane dann so sanft und mild
Auf dem lichten Wagen hergezogen
Bis ihn eine Wolke schlau verhüllt,

Und sie trinket dann an Latmus' Gipfel
Ihrer Liebe süßen Minnelohn
Ihre Küsse flüstern durch die Wipfel,
Küssend, nennst du mich Endymion.

Liest auch wohl mit züchtigem Verzagen
Meiner Blicke heimlich stille Glut
Und es sterben alle deine Klagen
Weil die Liebe dir am Herzen ruht.

Fest umschling ich dich von dir umschlungen
Stirbt in unsrem Arm die rege Zeit
Und es wechseln schon des Lichtes Dämmerungen
Starb schon Gestern wird schon wieder heut.

Wenn die lieben Sterne schon ermatten
Wechseln wir noch heimlich Seligkeit
Träumen in den tiefen dunklen Schatten
Flehend und gewährend Ewigkeit.

Fest an dich gebannt in dich verloren
Zähle ich an deines Herzens Schlag
Liebestammelnd jeden Schritt der Horen
Scheidend küsset uns der junge Tag.

ELSE LASKER-SCHÜLER

Ein Liebeslied

Komm zu mir in der Nacht – wir schlafen
engverschlungen.
Müde bin ich sehr, vom Wachen einsam.
Ein fremder Vogel hat in dunkler Frühe schon
gesungen,
Als noch mein Traum mit sich und mir gerungen.

Es öffnen Blumen sich vor allen Quellen
Und färben sich mit deiner Augen Immortellen ...

Komm zu mir in der Nacht auf Siebensternenschuhen
Und Liebe eingehüllt spät in mein Zelt.
Es steigen Monde aus verstaubten Himmelstruhen.

Wir wollen wie zwei seltene Tiere liebesruhen
Im hohen Rohre hinter dieser Welt.

mehrmals die nacht

die liebe ist abgewischt
das licht ist ausgelöscht
rücken an rücken übernachten
die geliebten

mehrmals die nacht
steckt elvira die angel ins pflaster
ein schutzmann überquert ihre einbahn
und läßt sie einsam

ein mann in den jahren preßt sich
im traum an die rosa tapete
die zähne seines morgens übernachten
im glas auf dem waschtisch

wer möchte den kopf
nicht abnehmen wie einen hut?
gute nacht, kopf
bei den handschuhen im kasten

Einsam in der Nacht

Abends zähl ich Lamm um Lamm,
lehnend an dem Feigenstamm,
gebe jedem seinen Namen,
streu mein Herz als wilden Samen
in den Wüstenwind.
Ruf die Sichel frühen Mondes,
daß sie mir ein weiches blondes
Gräslein mähe für mein Kind.
Eine schlanke Ringelnatter
bitte ich mir zum Gevatter
und sie hängt ihr zieres Krönlein
freundlich für mein Wundersöhnlein
auf im Feigenbaum.
Aber dann die Morgenröte
weckt mit ihrer Sorgenflöte
jäh mich aus dem Traum.
Hab kein Kindlein, keine Tiere,
und der Stamm, an dem ich friere,
trägt nicht eine Frucht.
Lauernd und verrucht
kühlt die kronenlose Schlange
meine warmgeträumte Wange.

Stunde des Grams

Schwärzlich folgt im herbstlichen Garten der Schritt
Dem glänzenden Mond,
Sinkt an frierender Mauer die gewaltige Nacht.
O, die dornige Stunde des Grams.

Silbern flackert im dämmernden Zimmer der Leuchter
des Einsamen,
Hinsterbend, da jener ein Dunkles denkt
Und das steinerne Haupt über Vergängliches neigt,

Trunken von Wein und nächtigem Wohllaut.
Immer folgt das Ohr
Der sanften Klage der Amsel im Haselgebüsch.

Dunkle Rosenkranzstunde. Wer bist du
Einsame Flöte,
Stirne, frierend über finstere Zeiten geneigt.

Beim Hufschlag der Nacht, des schwarzen Hengstes
vorm Tor,
zittert mein Herz noch wie einst und reicht mir den
Sattel im Flug,
rot wie das Halfter, das Diomedes mir lieh.
Gewaltig sprengt der Wind mir auf dunkler Straße
voran
und teilt das schwarze Gelock der schlafenden Bäume,
daß die vom Mondlicht nassen Früchte
erschrocken auf Schulter und Schwert springen,
und ich schleudre
die Peitsche auf einen erloschenen Stern.
Nur einmal verhalt ich den Schritt, deine treulosen
Lippen zu
küssen, schon fängt sich dein Haar in den Zügeln,
und dein Schuh schleift im Staub.

Und ich hör deinen Atem noch
und das Wort, mit dem du mich schlugst.

Melankolie

Schwarz war die Nacht und dunkle Sterne brannten
  Durch Wolkenschleier matt und bleich,
  Die Flur durchstrich das Geisterreich,
Als feindlich sich die Parzen abwärts wandten,
Und zorn'ge Götter mich ins Leben sandten.

Die Eule sang mir grause Wiegenlieder
  Und schrie mir durch die stille Ruh
  Ein grässliches: Willkommen! zu.
Der bleiche Gram und Jammer sanken nieder
Und grüßten mich als längst gekannte Brüder.

Da sprach der Gram in banger Geisterstunde:
  Du bist zu Qualen eingeweiht,
  Ein Ziel des Schicksals Grausamkeit,
Die Bogen sind gespannt und jede Stunde
Schlägt grausam dir stets neue blutge Wunde.

Dich werden alle Menschenfreuden fliehen,
  Dich spricht kein Wesen freundlich an,
  Du gehst die wüste Felsenbahn,
Wo Klippen drohn, wo keine Blumen blühen,
Der Sonne Strahlen heiß und heißer glühen.

Die Liebe, die der Schöpfung All durchklingt,
  Der Schirm in Jammer und in Leiden,
  Die Blüte aller Menschenfreuden,

Die unser Herz zum höchsten Himmel schwingt,
Wo Durst aus seelgem Born Erquicken trinkt,

Die Liebe sei auf ewig dir versagt.
  Das Tor ist hinter dir geschlossen,
  Auf der Verzweiflung wilden Rossen
Wirst du durchs öde Leben hingejagt,
Wo keine Freude dir zu folgen wagt.

Dann sinkst du in die ewge Nacht zurück,
  Sieh tausend Elend auf dich zielen,
  Im Schmerz dein Dasein nur zu fühlen!
Ja erst im ausgelöschten Todesblick
Begrüßt voll Mitleid dich das erste Glück. –

NELLY SACHS

Da
in der Nacht
wo sie am schrecklichsten dunkelt
bevor Tod sie wieder erhellt
im Brennesselwald des Wahnsinns
der die Bäume hinaufklettert
die Wunden am Mond zu kühlen
zurückgeworfen
nach Ost und West
die Hände gestreckt
Aufgang und Untergang

in einer Umarmung zu fassen
und verzehrt von den Flammenden
morsches Holz
den Himmel zu versöhnen –

HANS MAGNUS ENZENSBERGER

Schläferung

Laß mich heut Nacht in der Gitarre schlafen
in der verwunderten Gitarre der Nacht
laß mich ruhn
im zerbrochenen Holz
laß meine Hände schlafen
auf ihren Saiten
meine verwunderten Hände
laß schlafen
das süße Holz
laß meine Saiten
laß die Nacht
auf den vergessenen Griffen ruhn
meine zerbrochenen Hände
laß schlafen
auf den süßen Saiten
im verwunderten Holz.

Nächtiges Treiben

Die Nacht am Strande

Sternlos und kalt ist die Nacht,
Es gärt das Meer;
Und über dem Meer, platt auf dem Bauch,
Liegt der ungestaltete Nordwind,
Und heimlich, mit ächzend gedämpfter Stimme,
Wie'n störriger Griesgram, der gutgelaunt wird,
Schwatzt er ins Wasser hinein,
Und erzählt viel tolle Geschichten,
Riesenmärchen, totschlaglaunig,
Uralte Sagen aus Norweg,
Und dazwischen, weitschallend, lacht er und heult er
Beschwörungslieder der Edda,
Auch Runensprüche,
So dunkeltrotzig und zaubergewaltig,
Daß die weißen Meerkinder
Hochaufspringen und jauchzen,
Übermut-berauscht.

Derweilen, am flachen Gestade,
Über den flutbefeuchteten Sand,
Schreitet ein Fremdling, mit einem Herzen,
Das wilder noch als Wind und Wellen.
Wo er hintritt,
Sprühen Funken und knistern die Muscheln;
Und er hüllt sich fest in den grauen Mantel,
Und schreitet rasch durch die wehende Nacht; –

Sicher geleitet vom kleinen Lichte,
Das lockend und lieblich schimmert
Aus einsamer Fischerhütte.

Vater und Bruder sind auf der See,
Und mutterseelenallein blieb dort
In der Hütte die Fischertochter,
Die wunderschöne Fischertochter.
Am Herde sitzt sie,
Und horcht auf des Wasserkessels
Ahnungssüßes, heimliches Summen,
Und schüttet knisterndes Reisig ins Feuer,
Und bläst hinein,
Daß die flackernd roten Lichter
Zauberlieblich widerstrahlen
Auf das blühende Antlitz,
Auf die zarte, weiße Schulter,
Die rührend hervorlauscht
Aus dem groben, grauen Hemde,
Und auf die kleine, sorgsame Hand,
Die das Unterröckchen fester bindet
Um die feine Hüfte.

Aber plötzlich, die Tür springt auf,
Und es tritt herein der nächtige Fremdling;
Liebesicher ruht sein Auge
Auf dem weißen, schlanken Mädchen,
Das schauernd vor ihm steht,
Gleich einer erschrockenen Lilje;
Und er wirft den Mantel zur Erde,
Und lacht und spricht:

Siehst du, mein Kind, ich halte Wort,
Und ich komme, und mit mir kommt
Die alte Zeit, wo die Götter des Himmels
Niederstiegen zu Töchtern der Menschen,
Und die Töchter der Menschen umarmten,
Und mit ihnen zeugten
Zeptertragende Königsgeschlechter
Und Helden, Wunder der Welt.
Doch staune, mein Kind, nicht länger
Ob meiner Göttlichkeit,
Und ich bitte dich, koche mir Tee mit Rum,
Denn draußen war's kalt,
Und bei solcher Nachtluft
Frieren auch wir, wir ewigen Götter,
Und kriegen wir leicht den göttlichsten Schnupfen,
Und einen unsterblichen Husten.

FRIEDRICH NIETZSCHE

Der geheimnisvolle Nachen

Gestern nachts, als alles schlief,
Kaum der Wind mit ungewissen
Seufzern durch die Gassen lief,
Gab mir Ruhe nicht das Kissen,
Noch der Mohn, noch, was sonst tief
Schlafen macht, – ein gut Gewissen.

Endlich schlug ich mir den Schlaf
Aus dem Sinn und lief zum Strande.
Mondhell war's und mild, ich traf
Mann und Kahn auf warmem Sande,
Schläfrig beide, Hirt und Schaf: –
Schläfrig stieß der Kahn vom Lande.

Eine Stunde, leicht auch zwei,
Oder war's ein Jahr? – da sanken
Plötzlich mir Sinn und Gedanken
In ein ewges Einerlei,
Und ein Abgrund ohne Schranken
Tat sich auf: – da war's vorbei!

– Morgen kam: auf schwarzen Tiefen
steht ein Kahn und ruht und ruht ...
Was geschah? so rief's, so riefen
Hundert bald: was gab es? Blut? ––
Nichts geschah! Wir schliefen, schliefen
Alle – ach, so gut! so gut!

PETER HUCHEL

Alte Feuerstelle

Der nachts vor diesem Feuer saß,
vor einem Himmel brandig,
die Zweige brach und hungrig aß,
sein Brot vom Wandern sandig.

Er trug das Brot im Bettelsack,
ganz grau bis in die Rinde.
Es hatte bitteren Geschmack
vom Regen und vom Winde.

Ich seh den Mann im Feuerrauch
noch knien am Distelstrauche.
Er schürt die Glut mit seinem Hauch
und lebt von meinem Hauche.

Ich seh ihn noch am Aschenbrand
und bläulich glühn die Zacken.
Und rußig, wo der Kessel stand,
sind überm Gras die Wacken.

Die Holzglut glimmt am Schuh ihm aus.
Und vor der Lerchenhelle
geht er die Meile an mein Haus,
im Mond der grauen Schwelle.

Er drückt das Schloß mit einem Stein,
steigt ohne Licht die Stiege.
Die Angel läßt ihn breit hinein,
die Kammer, wo ich liege.

Er streift das Bett, wie nah er sitzt,
macht mir das Atmen sauer.
Ich höre, wie er seufzend ritzt
die Schatten in die Mauer.

Und wie er Tisch und Truhe leert
und rückt ins große Schweigen.
Und noch den Staub vom Balken kehrt
und alles nennt sein eigen.

Und wie er anrührt mein Gesicht,
um mir das Wort zu sagen:
Ich war der Docht in deinem Licht,
dein Lachen war mein Klagen.

Er stößt ins Zwielicht mich hinaus,
daß ich sein Leben finde.
Ich gehe arm aus meinem Haus
im bittern Morgenwinde.

Und wo er nachts am Feuer saß,
steh ich am Distelstrauche.
Und wandre seine Spur im Gras,
versengt vom Zackenrauche.

EDUARD MÖRIKE

Elfenlied

Bei Nacht im Dorf der Wächter rief:
                    Elfe!
Ein ganz kleines Elfchen im Walde schlief –
                    Wohl um die Elfe! –
Und meint, es rief ihm aus dem Tal
Bei seinem Namen die Nachtigall,
Oder Silpelit hätt ihm gerufen.
Reibt sich der Elf die Augen aus,
Begibt sich vor sein Schneckenhaus,

Und ist als wie ein trunken Mann,
Sein Schläflein war nicht voll getan,
Und humpelt also tippe tapp
Durchs Haselholz ins Tal hinab,
Schlupft an der Mauer hin so dicht,
Da sitzt der Glühwurm, Licht an Licht.
»Was sind das helle Fensterlein?
Da drin wird eine Hochzeit sein:
Die Kleinen sitzen beim Mahle,
Und treibens in dem Saale.
Da guck ich wohl ein wenig 'nein!«
– Pfui, stößt den Kopf an harten Stein!
Elfe, gelt, du hast genug?
Gukuk! Gukuk!

Großstadtnächte

Menschen bei Nacht

Die Nächte sind nicht für die Menge gemacht.
Von deinem Nachbar trennt dich die Nacht,
und du sollst ihn nicht suchen trotzdem.
Und machst du nachts deine Stube licht,
um Menschen zu schauen ins Angesicht,
so mußt du bedenken: wem.

Die Menschen sind furchtbar vom Licht entstellt,
das von ihren Gesichtern träuft,
und haben sie nachts sich zusammengesellt,
so schaust du eine wankende Welt
durcheinandergehäuft.
Auf ihren Stirnen hat gelber Schein
alle Gedanken verdrängt,
in ihren Blicken flackert der Wein,
an ihren Händen hängt
die schwere Gebärde, mit der sie sich
bei ihren Gesprächen verstehn;
und dabei sagen sie: *Ich* und *Ich*
und meinen: Irgendwen.

Bar

Flieder in langen Vasen,
Ampeln, gedämpftes Licht
und die Amis rasen,
wenn die Sängerin spricht:

Because of you (ich denke)
romance had its start (ich dein)
because of you (ich lenke
zu dir und du bist mein).

Berlin in Klammern und Banden,
sechs Meilen eng die Town
und keine Klipper landen,
wenn so die Nebel braun,

es spielt das Cello zu bieder
für diese lastende Welt,
die Lage verlangte Lieder,
wo das Quartär zerfällt,

doch durch den Geiger schwellen
Jokohama, Bronx und Wien,
zwei Füße in Wildleder stellen
das Universum hin.

Abblendungen: Fächertänze,
ein Schwarm, die Reiher sind blau,
Kolibris, Pazifikkränze
um die dunklen Stellen der Frau,

und nun sich zwei erheben,
wird das Gesetz vollbracht:
das Harte, das Weiche, das Beben
in einer dunkelnden Nacht.

ERICH KÄSTNER

Trottoircafés bei Nacht

Hinter sieben Palmenbesen,
die der Wirt im Ausverkauf erstand,
sitzt man und kann seine Zeitung lesen,
und die Kellner lehnen an der Wand.

An den Garderobenständern
schaukeln Hüte, und der Abendwind
möchte sie in Obst verändern.
Aber Hüte bleiben, was sie sind.

Sterne machen Lichtreklame.
Leider weiß man nicht genau, für wen.
Und die Nacht ist keine feine Dame,
sondern läßt uns ihr Gewölbe sehn.

In der renommierten Küche
brät der dicke Koch Filet und Fisch.
Und er liefert sämtliche Gerüche
seiner Küche gratis an den Tisch.

Wenn man jetzt in einer Wiese
läge, und ein Reh trät aus dem Wald …
Seine erste Frage wäre diese:
»Kästner, pst! Wie hoch ist Ihr Gehalt?«

Also bleibt man traurig hocken
und hält Palmen quasi für Natur.
Fliegen setzen sich auf süße Brocken.
Und der Mond ist nur die Rathausuhr.

Sieben Palmen wedeln mit den Fächern,
denn auch ihnen wird es langsam heiß.
Und die Nacht sitzt dampfend auf den Dächern.
Und ein Gast bestellt Vanille-Eis.

MECHTILDE LICHNOWSKY

Außensteher I

Tore sind und breite Treppen uns verschlossen,
Spät nach Mitternacht bewegt uns unverdrossen
Menschenscheu, rasch, unser letzter Gang
Über Straßenleere, die man frisch begossen,
An den vollen Häusern dieser Stadt entlang.

Einer Stadt wie dieser sieht es niemand an,
Daß die Häuser Grüfte sind mit Folterkammern.
Einer Stadt wie dieser sieht man es nicht an,
Daß sie soviel Angst verbergen kann,
Soviel lächelnd unterdrücktes Hassen, Jammern.

Aber – es bedrückt uns nicht davon zu wissen,
Da wir selbst nicht ohne Fürchten sind ...
Es betrübt uns nicht, ein Glück zu missen,
Das *sie* findet; uns bleibt ja der Weg; und blind
Sind wir nicht – erblassen nicht vor Hindernissen.

In den Häusern schlafen Müde einsam meist,
Selten paarweis' mit beglückt vereinten Händen.
Der nur wacht, der aufgesprung'nes Leid verbeißt,
Den Bedrängnis immer neu aus Trümmern reißt,
Und ein Hoffen, daß sich Schicksalspfeile wenden.

Wir sind, die im Freien einzeln, dunkel stehen.
Warum klagen wir, die wir im Freien stehen?
An den Lampen scheint es hell und lebt sich hart,
Wo die Leute offen über Treppen gehen,
Stolz im Glauben, daß sie uns genarrt.

Tore sind und breite Treppen uns verschlossen,
Spät nach Mitternacht bewegt uns unverdrossen
Menschenscheu, rasch, unser letzter Gang
Über Straßenleere, die man frisch begossen,
An den vollen Häusern dieser Stadt entlang.

H. C. ARTMANN

wenn fantômas mit schrägen schatten
diesseits der seine aufersteht,
zur zeit, da sich die uhus gatten,
dann wird das gaslicht angedreht.

aus rosaroten kneipen dröhnen
verschiedene akkordeons,
die dirne darbt mit hungerlöhnen,
des löwen anteil speist herr jones.

an ufern leuchten lasterdschunken,
es kreischt ihr damenarsenal,
und in toiletten erzhalunken
entwerfen einen überfall.

die polizei tut nichts dagegen,
ein gentleman legt maske an,
doch in zivil besteigt verwegen
der bleiche mond die abendbahn.

auf selbstmord sinnt im eiffelturme
ein starkverliebter anarchist,
dieweil nach einem wirbelsturme
ein cirkusmensch sein zelt vermißt.

drei neger lieben eine taube,
sie sträubt sich nicht für gutes geld;
quai d'orfèvre treu und glaube,
in jedem zimmer harrt ein held.

ein pole schlingt ein dutzend wachteln,
ein nacktes weib auf wolken schwebt,
im tanzsaal seufzen alte schachteln,
der taschendieb nach börsen strebt.

aus der kloake steigen herren
mit manchem einbruchsinstrument,
still ruht die bank, beamte zerren
die gitter vor; ein nachtlicht brennt.

auch saxophone dudeln lüstern,
ein fälscher führt fandango vor,
ein pharao mit pferdenüstern
gibt takt zu einem tuntenchor.

verzeihen sie, gibts noch pomade
um diese späte abendstund?
des lebens bittre schokolade
verklebt mir jedes wort im mund.

MATTHIAS POLITICKY

Die Wahrheit über Whiskeytrinker

Ein Männergedicht

Nächte gibt's, da offenbart dir das Glück
der Hinterhoffenster noch schamlosere Schatten, da
sind
alle vier Winde verstellt mit Süden und Salsa –

Nächte gibt's, da hängt dir die Hose
von selber, da hast du kein Hemd mehr
über dem Hintern, kein Kragen kann dir noch
platzen –

Nächte gibt's, da sind sie geschrieben, die Briefe,
ist jedes Gedicht längst gelesen, ist jede Welt längst
bereist und
, während die Wand zur Wohnung des Nachbarn
noch immer

im Rhythmus wild wackelt der neun nackten
Neger, die ihre
verdammten Nasen ins Mauerwerk drehen voll
Ungeduld,
bis die Reihe wieder an ihnen ist,
da beschließt du, inmitten all der Stille
– ja: du! ein Mann in den besten Jahren,
mit den besten Beziehungen, den besten
Aussichten! –
einen Schlußstrich jetzt endlich zu ziehen
unter den Sommer,
an einen dieser langen, speckigen Tresen statt dessen
dich zu hängen
und eine Handvoll Eis zu bestellen,
ganz ohne heimliche Hoffnung und
ganz ohne große Gesten,

als wärest du einer von denen,
die gerade ein Asphaltabenteuer absolviert haben,
das dann ausschließlich deinetwegen
– ja: deinetwegen! des Kerls im besten Sinne des
Wortes,
auf dem besten Wege und mit den besten Grüßen,
du darfst mir ruhig glauben! –
das dann ausschließlich deinetwegen
mit verheultem Lidstrich und verbissnem
Lippenstiftrot
im Rückspiegel verschwand wie ein Reklameschild,
das mit seinen Farben in die falsche Richtung flirrt:

Eine Handvoll Eis, bitte.
Und einen Whiskey dazu.

Stille Straße

Nachts. – Straße. – Fragen Sie nicht wo und wann.
Auch gleich vorausgesagt, daß nichts geschah. –
Da stand ein unscheinbarer, älterer Mann,
Der unverwandt nach einem Fenster sah.

Vielleicht war er – ich hatte leider Zeit –
Ein Lump, ein Trunkener oder ein Idiot –
Doch es schlägt niemals eine Möglichkeit
Die andre tot.

Wenn solch ein Anblick uns sechs-, siebenmal
Um einen Häuserblock spazierentreibt,
Zu sehen, wie der Mann dort stehenbleibt;
Vielleicht sind wir dann nur sentimental.
Aber dem Einsamen ist Stilles nah,
Wenn er das Laute nicht bezahlen kann. –

Da stand ein unscheinbarer, älterer Mann,
Der unverwandt nach einem Fenster sah.

Vorfrühling

In dieser Märznacht
  trat ich spät aus meinem Haus.
Die Straßen waren aufgewühlt von Lenzgeruch
  und grünem Saatregen.
Winde schlugen an. Durch die verstörte
                    Häusersenkung
  ging ich weit hinaus
Bis zu dem unbedeckten Wall und spürte:
  meinem Herzen schwoll ein neuer Takt entgegen.

In jedem Lufthauch
  war ein junges Werden ausgespannt.
Ich lauschte,
  wie die starken Wirbel mir im Blute rollten.
Schon dehnte sich bereitet Acker.
  In den Horizonten eingebrannt
War schon die Bläue hoher Morgenstunden,
  die ins Weite führen sollten.

Die Schleusen knirschten.
  Abenteuer brach aus allen Fernen.
Überm Kanal, den junge Ausfahrtwinde wellten,
  wuchsen helle Bahnen,
In deren Licht ich trieb.
  Schicksal stand wartend in umwehten Sternen.
In meinem Herzen lag ein Stürmen
  wie von aufgerollten Fahnen.

Wenn der Morgen wiederkommt

Ein Stündlein wohl vor Tag

Derweil ich schlafend lag,
Ein Stündlein wohl vor Tag,
Sang vor dem Fenster auf dem Baum
Ein Schwälblein mir, ich hört es kaum,
Ein Stündlein wohl vor Tag:

»Hör an, was ich dir sag!
Dein Schätzlein ich verklag:
Derweil ich dieses singen tu,
Herzt er ein Lieb in guter Ruh,
Ein Stündlein wohl vor Tag.«

O weh, nicht weiter sag!
O still, nichts hören mag!
Flieg ab, flieg ab von meinem Baum!
– Ach, Lieb und Treu ist wie ein Traum
Ein Stündlein wohl vor Tag.

Bevor die Sonne aufgeht

Bevor die Sonne aufgeht rufen meine Brüder die schekkigen Hunde im Hof blasen die Hände schütteln Tau vom Schuh eh die Sonne oben ist sind meine Brüder hinter dem Dorf haben Netze ins Strauchwerk getan knüpfen einen Vogel fest der ist geblendet und singt bis ans Ende die Brüder stopfen sich Pfeifen liegen im Kraut sind geduldig folgen den kunstvollen Strophen jetzt hängen sieben im Netz sagt der Jüngste und schneidet sich Schinken

Aber wenn der Vollmond hinter Wolken steht gehn meine Brüder im Wald mit den Hunden biegen einander die Zweige zurück sehn in den Himmel eine zersprungne Emailleschüssel sie legen dem Hickorybaum ihre Hände an rupfen ein Gras blasen Hirsche hervor und treffen wie sies lernten beim ersten Schuß kommen ächzend durch den Hof auf dem Rücken brettsteife Last

Meine Brüder haben einen gelben Rock Sterne weiche faltige Stiefel sie tragen einen Tornister es ist ein Bild von unserem Haus darin eine Büchse Fleisch und ihr Vogelnetz sie haben die neusten Gewehre gehn außer Lands sie sollen schießen wenn ein Mensch im Visier ist ich kenne meine Brüder sie biegen einander Zweige zurück und sind geduldig bis ans Ende

Verzeichnis der Autoren, Gedichte und Druckvorlagen

Wenn nicht anders vermerkt, folgen die Texte in der Orthografie den Vorlagen

H. C. ARTMANN (1921–2000)

H. C. A.: Sämtliche Gedichte. Hrsg. von Klaus Reichert. Salzburg/Wien: Jung und Jung, 2003. S. 555 f. – Mit Genehmigung von Rosa Artmann, Wien.

ROSE AUSLÄNDER (1901–1988)

R. A.: Die Erde war ein atlasweißes Feld. Gedichte 1927–1956. Frankfurt a. M.: S. Fischer, 1985. S. 240. – © 1985 S. Fischer Verlag GmbH, Frankfurt am Main.

INGEBORG BACHMANN (1926–1973)

I. B.: Werke. Hrsg. von Christine Koschel [u. a.]. Bd. 1: Gedichte. Hörspiele. Libretti. Übersetzungen. Neuausg. München/Zürich: Piper, 1993. – © 1978 R. Piper Verlag GmbH, München.

HUGO BALL (1886–1927)

H. B.: Gesammelte Gedichte. Hrsg. von Annemarie Schütt-Hennings. Zürich: Die Arche, 1963.

GOTTFRIED BENN (1886–1956)

G. B.: Sämtliche Gedichte. Stuttgart: Klett-Cotta, 1998. – © Ernst Klett Verlage GmbH und Co. KG, Stuttgart.

CLEMENS BRENTANO (1778–1842)

C. B.: Werke. Bd. 1. Hrsg. von Wolfgang Frühwald [u. a.]. München: Hanser, 1968. S. 24f.

GEORG BÜCHNER (1813–1837)

G. B.: Gesammelte Werke. Hrsg. von Gerhard Knapp. München: Goldmann, 1978.

PAUL CELAN (1920–1970)

P. C.: Mohn und Gedächtnis. Stuttgart: Deutsche Verlags-Anstalt, 1952. – © 1952 Deutsche Verlags-Anstalt GmbH, Stuttgart.

ADELBERT VON CHAMISSO (1781–1838)

A. v. Ch.: Sämtliche Werke in zwei Bänden. Bd. 1: Gedichte. Dramatisches. München: Hanser, 1980. S. 11.

THEODOR DÄUBLER (1876–1934)

Th. D.: Das Nordlicht. Bd. 1. Leipzig: Insel-Verlag, 1921. – Mit Genehmigung von Friedhelm Kemp, München.

HILDE DOMIN (geb. 1909)

Nur eine Rose als Stütze 48

H. D.: Gesammelte Gedichte. Frankfurt a. M.: Fischer, 1987. – © 1987 S. Fischer Verlag GmbH, Frankfurt am Main.

JOSEPH VON EICHENDORFF (1788–1857)

Mondnacht 28

J. v. E.: Gedichte. Hrsg. von Peter Horst Neumann in Zus.-Arb. mit Andreas Lorenczuk. Stuttgart: Reclam, 1997 [u. ö.]. S. 83.

HANS MAGNUS ENZENSBERGER (geb. 1929)

Schläferung 66

H. M. E.: Verteidigung der Wölfe. Gedichte. Nachw. von Reinhold Grimm. Frankfurt a. M.: Suhrkamp, ^{2}1990. S. 12. – © 1957 Suhrkamp Verlag, Frankfurt am Main.

STEFAN GEORGE (1868–1933)

Der hügel wo wir wandeln liegt im schatten 17

S. G.: Gedichte. Hrsg. von Günter Baumann. Stuttgart: Reclam, 2004. S. 60.

JOHANN WOLFGANG GOETHE (1749–1832)

An den Mond 26

J. W. G.: Gedichte. Ausw. und Einl. von Stefan Zweig. Stuttgart: Reclam, 1967 [u. ö.]. S. 68 f.

PETER HÄRTLING (geb. 1933)

Zwei Traumfiguren 46

P. H.: Gesammelte Werke. Bd. 8: Gedichte. Hrsg. von Klaus Siblewski. Köln: Kiepenheuer & Witsch, 1999. S. 141. – © 1999 by Verlag Kiepenheuer & Witsch, Köln.

HEINRICH HEINE (1797–1856)

H. H.: Buch der Lieder. Hrsg. von Bernd Kortländer. Stuttgart: Reclam, 1990 [u. ö.]. S. 198–200.

HERMANN HESSE (1877–1962)

H. H.: Sämtliche Werke. Hrsg. von Volker Michels. Bd. 10: Die Gedichte. Bearb. von Peter Huber. Frankfurt a. M.: Suhrkamp, 2002. S. 157. – © 2002 Suhrkamp Verlag, Frankfurt am Main.

GEORG HEYM (1887–1912)

G. H.: Dichtungen. Ausw. und Nachw. von Walter Schmähling. Stuttgart: Reclam, 1964 [u. ö.]. S. 34 f.

HUGO VON HOFMANNSTHAL (1874–1929)

H. v. H.: Gedichte und Lyrische Dramen. Hrsg. von Herbert Steiner. Frankfurt a. M.: S. Fischer, 1952. S. 515.

PETER HUCHEL (1903–1981)

P. H.: Die Sternenreuse. München: Piper, 1967. – Mit Genehmigung von Roger Melis, Berlin.

ERNST JANDL (1925–2000)

E. J.: poetische werke in 10 Bänden. Hrsg. von Klaus Siblewski. Bd. 9: idyllen. stanzen. München: Luchterhand, 1997. (1) – © 1997 by Luchterhand Literaturverlag, München, einem Unternehmen der Verlagsgruppe Random House GmbH.

E. J.: poetische werke in 10 Bänden. Hrsg. von Klaus Siblewski. Bd. 5: dingfest. München: Luchterhand, 1997. (2) – © 1997 by Luchterhand Literaturverlag, München, einem Unternehmen der Verlagsgruppe Random House GmbH.

ERICH KÄSTNER (1899–1974)

Trottoircafés bei Nacht 81

E. K.: Herz auf Taille. Zürich: Atrium-Verlag, 1985. – © 1985 Atrium Verlag, Zürich, und Thomas Kästner.

GOTTFRIED KELLER (1819–1890)

Stille der Nacht 36

G. K.: Sämtliche Werke und ausgewählte Briefe. Bd. 3. Hrsg. von Clemens Heselhaus. München: Hanser, 1958. ^{2}1963.

SARAH KIRSCH (geb. 1935)

(1) Die Nacht streckt ihre Finger aus 18
(2) Bevor die Sonne aufgeht 92

S. K.: Werke in fünf Bänden. Bd. 1: Gedichte 1. München: Deutscher Taschenbuch Verlag, 2000. (2) S. 30. (1) S. 89. – © 1999 Deutsche Verlags-Anstalt GmbH, Stuttgart.

FRIEDRICH GOTTLIEB KLOPSTOCK (1724–1803)

Die frühen Gräber 25

F. G. K.: Oden. Ausw. und Nachw. von Karl Ludwig Schneider. Stuttgart: Reclam, 1966 [u. ö.]. S. 75. – Der Text wurde behutsam modernisiert.

GERTRUD KOLMAR (1894–1943)

Die Kröte 33

G. K.: Weibliches Bildnis. Gedichte. München: Deutscher Taschenbuch Verlag, 1987. S. 736 f. – © 1996 Suhrkamp Verlag, Frankfurt am Main.

HERTHA KRÄFTNER (1928–1951)

Im Amselruf vergeht der Tag 17

H. K.: Kühle Sterne. Gedichte, Prosa, Briefe. Aus dem Nachlaß hrsg. von Gerhard Altmann [u. a.]. Klagenfurt/Salzburg: Wieser, 1997. S. 95. – © 1997 Wieser Verlag, Klagenfurt/Celovec.

KARL KROLOW (1915–1999)

Schlaf 50

K. K.: Ausgewählte Gedichte. Nachw. von Hugo Friedrich. Frankfurt a. M.: Suhrkamp, ^{5}1980. S. 64. – © 1962 Suhrkamp Verlag, Frankfurt am Main.

ISOLDE KURZ (1853–1944)

Schlummerflocken 43

I. K.: Neue Gedichte. Stuttgart/Berlin: Cotta, 1905. S. 86. – Mit Genehmigung von Dieter Kormann, München.

ELSE LASKER-SCHÜLER (1869–1945)

Ein Liebeslied 56

E. L.-Sch.: Gesammelte Werke. Bd. 1: Die Gedichte 1902–1943. Hrsg. von Friedhelm Kemp. Frankfurt a. M.: Suhrkamp, 1997. – © 1997 Suhrkamp Verlag, Frankfurt am Main.

CHRISTINE LAVANT (1915–1973)

Abends zähl ich Lamm um Lamm 61

Ch. L.: Die Bettlerschale. Gedichte. Salzburg: Müller, ^{7}2002. – © 2002 Otto Müller Verlag, Salzburg.

MECHTILDE LICHNOWSKY (1879–1958)

Außensteher I 82

Die Weißen Blätter 3 (Januar – März 1916) S. 257f.

CONRAD FERDINAND MEYER (1825–1898)

C. F. M.: Bilder und Balladen. Zwanzig Balladen. Romanzen und Bilder. Text und Apparat. Bern: Benteli, 1988. S. 40 f. –

EDUARD MÖRIKE (1804–1875)

E. M.: Gedichte. Ausw. und Nachw. von Bernhard Zeller. Stuttgart: Reclam, 1977 [u. ö.]. (2) S. 12 f. (1) S. 34.

FRIEDRICH NIETZSCHE (1844–1900)

F. N.: Gedichte. Mit einem Nachw. hrsg. von Jost Hermand. Stuttgart: Reclam, 1964 [u. ö.]. S. 69 f.

MATTHIAS POLITICKY (geb. 1955)

M. P.: Jenseits von Wurst und Käse. 44 Gedichte. München: Luchterhand, 1995. S. 37 f. – Mit Genehmigung von Matthias Politycki, Hamburg.

RAINER MARIA RILKE (1875–1926)

R. M. R.: Das Buch der Bilder. Frankfurt a. M.: Insel-Verlag, 1996.

JOACHIM RINGELNATZ (1883–1934)

J. R.: Das Gesamtwerk in sieben Bänden. Hrsg. von Walter Pape. Zürich: Diogenes Verlag, 1994. Bd. 2: Gedichte 2. –

NELLY SACHS (1891–1970)

Da in der Nacht 65

N. S.: Suche nach Lebenden. Die Gedichte. Bd. 2. Frankfurt a. M.: Suhrkamp, 1971. – © 1971 Suhrkamp Verlag, Frankfurt am Main.

ERNST STADLER (1883–1914)

Vorfrühling 88

E. S.: Der Aufbruch. Frankfurt a. M.: Insel-Verlag, 1964. S. 20f.

LUDWIG TIECK (1773–1853)

(1) Nacht 24
(2) Melankolie 64

L. T.: Gedichte. Tl. 2. Hrsg. von Gerhard Kluge. Heidelberg: Lambert Schneider, 1967. (1) S. 26f. (2) S. 227–229. (Reprogr. Nachdr. nach der Ausg. von 1821–23.) – Die Texte wurden behutsam modernisiert.

GEORG TRAKL (1887–1917)

(1) Nachtseele 37
(2) Stunde des Grams 62

G. T.: Dichtungen und Briefe. Salzburg: Müller, ^{2}1987. (1) S. 185.
G. T.: Werke. Entwürfe. Briefe. Hrsg. von Hans-Georg Kemper und Frank Rainer Max. Stuttgart: Reclam, 1984 [u. ö.]. (2) S. 156.

ANTON WILDGANS (1881–1932)

Es ist der Mond 25

A. W.: Gesammelte Werke. Bd. 1: Buch der Gedichte. Die Sonette an Fad. Sonette aus dem Italienischen. Leipzig: Staackmann, 1930. S. 217.

CARL ZUCKMAYER (1896–1977)

C. Z.: Abschied und Wiederkehr. Gedichte 1917–1976. Frankfurt a. M.: Fischer, 1997. S. 77. – © 1997 S. Fischer Verlag GmbH, Frankfurt am Main.

Anthologien

Auswahl

Berlin, mit deinen frechen Feuern. 100 Berlin-Gedichte. 144 S. UB 9640

Blaue Gedichte. 136 S. UB 18097

Deutsche Anekdoten. 400 S. UB 9825

Deutsche Aphorismen. 395 S. UB 9889 – auch geb.

Deutsche Balladen. 647 S. UB 8501 – auch geb.

Deutsche Gedichte. 368 S. UB 8012 – auch geb.

Deutsche Kunstmärchen von Wieland bis Hofmannsthal. 678 S. UB 8440

Deutsche Liebeslyrik. 429 S. UB 7759 – auch geb.

Deutsche Naturlyrik. 539 S. Geb.

Deutsche Unsinnspoesie. 447 S. 117 Abb. UB 9890

Diese Rose pflück ich Dir. Die schönsten Rosengedichte. 133 S. UB 18101

Engel. Gedichte aus allen Sphären. 143 S. UB 18138

Feuer, Wasser, Luft & Erde. Die Poesie der Elemente. 182 S. UB 18246

Frühlingsgedichte. 85 S. UB 18104

Fünfzig Balladen. 176 S. UB 18234

Fünfzig erotische Gedichte. 117 S. UB 18070

Fünfzig Kindergedichte. 96 S. UB 18071

Fünfzig Liebesgedichte. 101 S. UB 18008

Gedichte der Romantik. 532 S. UB 8230 – auch geb.

Gedichte des Expressionismus. 261 S. UB 8726

Großstadtlyrik. 413 S. UB 9639

Herbstgedichte. 86 S. UB 18106

Jahrhundertchronik. Deutsche Erzählungen des 20. Jahrhunderts. 635 S. Geb.

Jahrhundertgedächtnis. Deutsche Lyrik im 20. Jahrhundert. 469 S. UB 9742 – auch geb.

Lustige Lyrik. Fünfzig komische Gedichte. 112 S. UB 18252

Poetische Sprachspiele. Vom Mittelalter bis zur Gegenwart. 432 S. UB 18238

Prager deutsche Erzählungen. 498 S. UB 8771

Ring frei! Ein Lesebuch vom Boxen. 240 S. UB 9642

Sommergedichte. 88 S. UB 18105

Wieder gesund! Heilsame Geschichten. 192 S. UB 18092

Wintergedichte. 87 S. UB 18107

Philipp Reclam jun. Stuttgart